Baumstarke Minis

Endlich sind sie da: unsere neuen Mini-Baumstamm-Ideen! Viele neue Motive verzaubern schlichte kleine Baumstämme mit Farbe, Moosgummi oder Filz in lustige Figuren, die die ganze Familie erfreuen.

Der freche Frosch, das kleine Küken, der Schornsteinfeger und viele weitere Motive sind überall ein toller Blickfang und lassen sich schnell und einfach nach unseren Vorlagen und Anleitungen gestalten.

Also, ran an Säge, Pinsel und Farben und der baumstarke Bastelspaß kann beginnen.

Viel Spaß dabei wünschen

Martina Schröder   Marion Vogel

Die Motive lassen sich in folgende Schwierigkeitsgrade unterteilen:
● ○ ○ einfach ● ● ○ etwas schwieriger ● ● ● anspruchsvoll

IHRE GRUND-AUSSTATTUNG

- Tonpapier in Weiß, 80g/m², oder Schreibmaschinenpapier (für Schablonen)
- Moosgummi, 2 mm stark, in verschiedenen Farben
- Acrylfarbe
- Ölkreide
- Viskosebast
- Schleifenband
- Rohholzhalbkugeln
- Deko-Schneepaste
- Streuflimmer
- UHU Alleskleber kraft
- Heißkleber
- Pinsel, Borstenpinsel
- Baumwolltuch
- Küchenkrepp
- Bleistift und Radiergummi
- wasserfeste Filzstifte in Schwarz, Rot und Silber
- Cutter mit geeigneter Schneideunterlage
- Rundholzstäbchen
- Schere
- Handbohrer
- Fuchsschwanz
- und natürlich Baumstämme, Baumstämme, Baumstämme

Hinweis: Mit „Rest" ist ein Stück gemeint, das maximal A5 groß ist.

So wird's gemacht

Vorlagen übertragen

Alle benötigten Motivteile mit dem Schreibmaschinen- oder Tonpapier ohne Überschneidungen vom Vorlagenbogen abpausen und sorgfältig ausschneiden. Fertig ist die Schablone. Die Schablone auf das Moosgummi oder den Filz legen, die Umrisse mit Blei- oder Filzstift nachmalen und dann alles ausschneiden. Die Teile gemäß Vorlage und mithilfe des Fotos zusammenkleben.

Achtung: Bei doppelseitig gearbeiteten Teilen wird die Schablone für die Rückseite vor dem Übertragen auf das Werkstück gewendet, also seitenverkehrt aufgelegt.

Schattieren von Moosgummi

Alle Motive lassen sich schnell und einfach mit Ölkreide effektvoll schattieren: Auf die ausgeschnittenen Motivteile alle Zierlinien und Konturen mit Ölkreide direkt auf das Moosgummi malen. Anschließend die Ölkreide mit dem Finger verreiben, so erzielt man schöne Effekte und sanfte Übergänge. Zum Bemalen bitte an den Fotos orientieren.

Brushen

Schöne Farbeffekte ergeben sich durch das so genannte Brushen. Dafür etwas Farbe auf einen trockenen Borstenpinsel geben und diesen auf einem Küchenkrepp tüchtig ausstreichen, sodass kaum noch Farbe im Pinsel ist. Nun mit dem Pinsel an den gewünschten Stellen die Farbe auftragen.

Gesichter aufmalen

Die Gesichtslinien werden mit wasserfestem Filzstift und/oder Acrylfarbe aufgemalt. Wer will, kann sie mit Bleistift vorzeichnen. Oder Sie übertragen sie wie folgt auf die Schnittflächen: Die Gesichtslinien mit Schreibmaschinenpapier vom Vorlagenbogen abpausen, dann die Rückseite des Papiers mit einem weichen Bleistift schwärzen. Nun die Vorlage mit der Vorderseite nach oben auf die Schnittfläche des Baumstamms legen und alle Linien mit einem Stift nachzeichnen. Lichtpunkte, die mit weißer Acrylfarbe und einem Rundholzstäbchen oder Pinselstielende gesetzt werden, geben den Figuren einen lebendigen Gesichtsausdruck.

Tipps: Beim Schattieren der Baumstämme einfach ein grobes Baumwolltuch über den Zeigefinger legen und mehrmals über die Ölkreide wischen. Nun können Sie die Kreide vorsichtig direkt auf das Gesicht reiben.

Wenn Sie die Motive aus dickeren Stämmen arbeiten möchten, vergrößern Sie die Vorlagen einfach etwas mit einem Fotokopierer.

Baumstarke Tipps

- Wir haben die baumstarken Minis aus Birkenholzstämmchen mit einem Durchmesser von ca. 5 cm gearbeitet, die Freunde von uns für ihren Kaminofen lagern. Vielleicht haben Sie ja auch so liebe Freunde, die Ihnen ein paar Stämmchen abtreten. Sonst versuchen Sie es beim örtlichen Forstamt, bei Landwirten oder schauen Sie in den Kleinanzeigen der Zeitung einfach nach „Kaminholz". Natürlich kann auch jede andere Holzart verwendet werden.
- Für die Gestaltung der Gesichter müssen die Stämme schräg geschnitten werden. Wir haben uns für einen Winkel von 45 Grad entschieden. Die dünnen Stämme lassen sich problemlos mit einem Fuchsschwanz bearbeiten. Die angegebenen Höhen der Stämme können Sie natürlich auch ganz nach Ihrem persönlichen Geschmack variieren.
- Bemalt haben wir die kleinen Gesellen sowie die hautfarbenen Moosgummi-Ohren und Hände einiger Figuren mit matter Acrylfarbe. Die weiteren Teile sind fast alle aus Filz oder Moosgummi (2 mm stark) gearbeitet, das Schattierungen und Zierlinien mit Ölkreidestiften erhält.
- Wenn Sie die kleinen Figuren auch im Freien aufstellen wollen, müssen sie unbedingt wetterbeständig verklebt sein. Hierfür empfiehlt es sich, UHU Alleskleber kraft mit Heißkleber zu kombinieren. Der Heißkleber fixiert die anzuklebenden Teile sofort und der Kraftkleber ist nach dem Trocknen wetterbeständig.

Babyboom

→ **Hurra, die Babys sind da!**

MATERIAL (PRO BABY)

- Mini-Holzstamm, ø 4–4,5 cm, ca. 11 cm hoch
- Acrylfarbe in Aprikose und Schwarz
- Ölkreide in Orange und Hellblau bzw. Rosa
- Moosgummirest in Weiß, 2 mm stark
- Satinband in Hellblau bzw. Rosa, 6 mm breit, ca. 50 cm lang
- Papierdrahtkordel in Creme, ø 2 mm, 4 cm bzw. 10 cm lang
- Glitterstift in Weiß irisierend
- wasserfester Filzstift in Schwarz
- Deko-Schnuller in Blau bzw. Rosa

VORLAGENBOGEN 4A

1 Die Ohren und das Lätzchen aus Moosgummi zuschneiden. Die Schnittfläche des Holzstamms und die zugeschnittenen Ohren in Aprikose grundieren. Bei den Ohren die Schnittflächen nicht vergessen!

2 Das Gesicht und die Ohrmuscheln aufmalen und die Wangen röten. Die Ohren schattieren und seitlich fixieren.

3 Mit dem Handbohrer für die Haarlocken am Hinterkopf ein Loch in den Stamm bohren. Beim Jungen die 4 cm lange Papierdrahtkordel in das Loch kleben und als Locke nach vorn ins Gesicht legen. Beim Mädchen die 10 cm lange Papierdrahtkordel in der Mitte knicken und die Knickstelle in das Loch kleben. Die Enden um ein Rundholzstäbchen zu Locken drehen. Ein 10 cm langes Stück vom rosafarbenen Satinband abschneiden und als Schleife ins Haar binden.

4 Das Lätzchen mit Glitterstift bemalen und an den Rändern mit Ölkreide schattieren. Nach dem Trocknen den Namen mit wasserfestem Stift aufbringen und das Lätzchen mit Heißkleber ankleben. Abschließend noch den Deko-Schnuller mit dem Satinband umbinden.

Felicia
LUKAS

Glückliche Hühner

→ Oberglucke mit Küken

MATERIAL

HENNE

- Mini-Holzstamm, ø 4 cm, 12 cm hoch
- Acrylfarbe in Ocker, Weiß und Schwarz
- Ölkreide in Rot und Schwarz
- Moosgummireste in Orange, Rot und Braun, 2 mm stark
- Karoband in Dunkelrot-Weiß, 1,2 cm breit, 30 cm lang
- 4 Marabufedern in Braun

KÜKEN

- Mini-Holzstamm, ø 3,5 cm, 6,5 cm hoch
- Acrylfarbe in Gelb, Weiß und Schwarz
- Ölkreide in Orange
- Moosgummireste in Gelb und Orange, 2 mm stark
- Karoband in Orange-Weiß, 5 mm breit, 10 cm lang
- 5 Marabufedern in Gelb
- Bindedraht, ø 0,3 mm

VORLAGENBOGEN 1A

Henne

1 Die einzelnen Teile aus Moosgummi zuschneiden, mit Ölkreide schattieren und die Innenlinien aufmalen. Die Schnittfläche des Holzstamms in Ocker grundieren, die Wangen röten und das Gesicht aufmalen.

2 Den Kamm zuerst vorn am Kopf aufkleben und dann etwas verdreht am Hinterkopf fixieren. Den Schnabel etwas gewölbt entlang der oberen Rundung ankleben. Darunter die beiden Kehllappen fixieren. Die Flügel nur am vorderen Ende auf den Stamm kleben. Jeweils zwei Marabufedern darunter anbringen. Zuletzt die Schleife umbinden.

Küken

1 Die einzelnen Teile aus Moosgummi ausschneiden, mit Ölkreide schattieren und die Innenlinien aufmalen. Die Schnittfläche des Holzstamms in Gelb grundieren, die Wangen röten und das Gesicht aufmalen.

2 Die Nase etwas wölben und auf das Gesicht kleben. Die Fußplatte von unten am Stamm anbringen. Die großen Flügelteile am vorderen Ende am Stamm fixieren und etwas nach hinten biegen. Je eine Feder darunter anbringen. Die kleinen Flügelteile am vorderen Ende auf die großen kleben und jeweils eine gekürzte Feder dahinter anbringen.

3 Die übrige Feder senkrecht auf der Rückseite des Stamms anbringen, sodass sie als Schopf zu sehen ist. Abschließend das Karoband zur Schleife legen, mit etwas Draht in der Mitte abbinden und aufkleben.

Ostergrüße

→ von Hasilein und Blumenkind

MATERIAL
HASE

- Mini-Holzstamm, ø 5 cm, 12 cm hoch
- Acrylfarbe in Weiß, Aprikose, Lavendel und Orange
- Ölkreide in Braun und Pink
- Moosgummireste in Rosa und Braun, 2 mm stark
- Langhaarplüsch in Weiß, 1 cm x 1 cm
- 2 Glashalbperlen in Schwarz, ø 4 mm
- 2 Holzperlen in Orange, ø 8 mm
- Styropor-Ei, 6 cm hoch
- Karoband in Orange-Weiß, 5 mm breit, 45 cm lang
- Chiffonband in Orange, 1,5 cm breit, 45 cm lang

BLUME

- Mini-Holzstamm, ø 4,5 cm, 14 cm hoch
- Acrylfarbe in Weiß und Schwarz
- Ölkreide in Rosa, Hellgrün und Grün
- Moosgummireste in Weiß, Rosa, Hellgrün und Grün, 2 mm stark
- Chiffonband in Rosa, 1 cm breit, 75 cm lang

VORLAGENBOGEN 1A

Hase

1 Die Moosgummiteile ausschneiden, schattieren und die Innenlinien aufmalen. Die Schnittfläche des Holzstamms in Aprikose grundieren, die Wangen röten und das Gesicht aufmalen. Die Glashalbperlen und die Nase aufkleben.

2 Die Ohren hinter dem Kopf anbringen, den Langhaarplüsch dazwischen aufkleben und etwas in Form schneiden. Die Arme seitlich am Stamm fixieren.

3 Das Styropor-Ei an einer Seite mit einem scharfen Messer abflachen und in Lavendel grundieren. Nach dem Trocknen die Punkte aufmalen. Das Karoband über Kreuz um das Ei legen, oben zusammenfassen und das Chiffonband als Schleife mit einbinden. Je eine Perle auf die Enden des Karobands aufziehen und mit einem Knoten sichern. Das fertige Ei mit der abgeflachten Seite zum Stamm zwischen den Hasenhänden fixieren.

Blume

Die Moosgummiteile ausschneiden und schattieren. Die Schnittfläche des Holzstamms zuerst in Weiß grundieren und nach dem Trocknen ganzflächig mit Rosa brushen. Das Gesicht aufmalen und die Nase aufkleben. Die weißen und grünen Blütenteile wie abgebildet zu einem Hut zusammenkleben und auf dem Holzstamm fixieren. Das Chiffonband zweimal um den Stamm wickeln und vorn zur Schleife binden. Die Grashalme einstecken.

Marylin

→ flotter roter Käfer

Käfer

1 Die Moosgummiteile ausschneiden, die Haarteile weiß aufhellen, die Weste und die Flügel verzieren und zwei weiße Punkte auf den Knopf setzen. Die Schnittfläche des Holzstamms in Aprikose grundieren und das Gesicht aufmalen. Die Nase aufkleben.

2 Die Flügel überlappend auf der Rückseite des Stamms anbringen. Die Haare gegengleich auf die Kopfspitze kleben und mithilfe der Vorlage vorn zwei Löcher einstechen. Die Drahtstücke um ein Rundholzstäbchen zu Spiralen drehen und in den Löchern fixieren. Die roten Pompons ergänzen.

3 Die Weste vorn am Stamm platzieren und den Knopf aufkleben. Das Band zur Schleife legen, mit etwas Bindedraht in der Mitte zusammenfassen und am Käfer fixieren.

Blume

Für jede Blume sieben bis acht Blütenblätter aus Moosgummi zuschneiden und kreisförmig auf dem kleinen Ast anordnen. Die halbierte Holzperle mittig auf die Blätter kleben. Die Konturen mit goldfarbenem Glitterstift nachfahren und trocknen lassen.

Tipp: **Holzperlen lassen sich mithilfe eines Cuttermessers und eines Hammers leicht spalten. Dazu das Messer auf das Loch der Perle aufsetzen und mit dem Hammer leicht auf die Rückseite der Klinge schlagen.**

MATERIAL KÄFER

- Mini-Holzstamm, ø 4,5 cm, 12 cm hoch
- Acrylfarbe in Weiß, Aprikose, Rot und Schwarz
- Ölkreide in Weiß
- Moosgummireste in Rot und Schwarz, 2 mm stark
- Schleifenband in Rot mit weißen Punkten, 1 cm breit, 15 cm lang
- Aludraht in Silber, ø 2 mm, 2 x 10 cm lang
- 2 Pompons in Rot, ø 1,5 cm
- Bindedraht, ø 0,3 mm

PRO BLUME

- kleiner Ast, ø 1,5 cm, 4–5 cm hoch
- Moosgummireste in Rosa, Orange oder Hellgrün, 2 mm stark
- halbierte Holzperle in Rot, ø 1,2 cm
- Glitterstift in Gold

VORLAGENBOGEN 1B

Karnevalsjecken

→ Helau und Alaaf!

MATERIAL PIRAT

- Mini-Holzstamm, ø 4 cm, 10 cm hoch
- Acrylfarbe in Aprikose und Schwarz
- Ölkreide in Orange
- Moosgummireste in Beige und Schwarz, 2 mm stark
- Filz in Rot, A4
- Rohholzhalbperle, ø 1 cm
- Glitterstift in Silber
- Silberdraht, ø 1,2 mm, 3 cm lang

NARR

- Mini-Holzstamm, ø 5 cm, 12 cm hoch
- Acrylfarbe in Weiß, Aprikose und Schwarz
- Ölkreide in Rot
- Moosgummirest in Beige, 2 mm stark
- Filz in Blau, A5, und Rest in Rot
- halbierte Holzperle in Rot, ø 8 mm
- Viskosebast in Gelb, 3 x 3 cm lang
- Kordel in Orange, ø 2 mm, 35 cm lang
- 2 Schellen in Gold, ø 1,9 cm
- Glitterstift in Gold
- Watte zum Ausstopfen

VORLAGEN-BOGEN 1B

Pirat

1 Die Moosgummiteile ausschneiden. Die Schnittfläche des Holzstamms und die Ohren in Aprikose grundieren. Bei den Ohren die Schnittflächen nicht vergessen! Das Halstuch nach Vorlage aus Filz zuschneiden. Für das Kopftuch zusätzlich einen 2 cm breiten und 20 cm langen Filzstreifen anfertigen.

2 Gesicht und Ohrmuscheln aufmalen, die Wangen röten und die Ohren seitlich fixieren. Den Hut an den Außenkanten zusammenkleben und mit Glitterstift verzieren. Den roten Filzstreifen um den Kopf legen und seitlich zusammenknoten. Die Augenklappe darauf platzieren und den Piratenhut auf dem Kopf anbringen. Den Draht zum Ring biegen und an einem Ohr befestigen. Zuletzt das Dreieckstuch aus Filz um den Holzstamm legen und die Enden verknoten.

Narr

1 Die einzelnen Teile aus Filz und Moosgummi ausschneiden. Die Schnittfläche des Holzstamms und die Ohren in Aprikose grundieren. Bei den Ohren die Schnittflächen nicht vergessen! Das Gesicht aufmalen, die Wangen röten und die Nase ergänzen. Die Ohren schattieren und seitlich am Stamm fixieren.

2 Die Kappenteile nur an den Außenkanten zusammenkleben und mit dem Glitterstift verzieren. Nach dem Trocknen die Kappe mit etwas Watte ausstopfen und auf dem Kopf anbringen. Die drei Baststücke mit Draht zusammenbinden und als Pony unter die Kappe kleben.

3 Am Filzumhang auf beiden Seiten die Konturen mit Glitterstift nachziehen und das Punktmuster aufbringen. Nach dem Trocknen den Umhang umlegen, an den Klebeflächen fixieren (schraffierte Flächen) und mit der Kordel zusammenhalten. Zuletzt drei goldene Punkte auf das Gesicht malen und die Schellen an der Kappe festkleben.

Kleine Hofmusik

→ Rock me, Amadeus!

MATERIAL AMADEUS

- Mini-Holzstamm, ø 4 cm, 12 cm hoch
- Acrylfarbe in Weiß, Aprikose und Schwarz
- Ölkreide in Rot
- Moosgummi in Weiß und Violett, 2 mm stark, A5
- Langhaarplüschrest in Weiß
- Satinband in Schwarz, 3 mm breit, 50 cm lang
- Glitterstift in Silber
- Trinkhalm in Weiß
- doppelseitiger Klebefilm in Transparent
- Stecknadeln

PRINZ

- Mini-Holzstamm, ø 4,5 cm, 11 cm hoch
- Acrylfarbe in Weiß, Aprikose, Schwarz und Gold
- Ölkreide in Rot
- Moosgummi in Weiß, 2 mm stark, A5
- Filzstreifen in Rot, 5 cm x 45 cm
- Langhaarplüsch in Weiß, 1,5 cm x 7 cm
- Rohholzhalbperle, ø 1 cm
- gefasster Glasschliffstein in Pink, ø 1,4 cm

VORLAGENBOGEN 2A

Amadeus

1 Die Moosgummiteile ausschneiden und die weißen Rüschen mit Glitterstift verzieren. Die Schnittfläche des Holzstamms in Aprikose grundieren, die Wangen röten und das Gesicht aufmalen. Den Langhaarplüsch nach Vorlage zuschneiden und auf den Kopf kleben.

2 Für die Locken vom Trinkhalm vier Stücke (je 2 cm lang) abschneiden und mit doppelseitigem Klebefilm umwickeln. Je eine Strähne vom Langhaarplüsch abteilen und von unten nach oben auf einen Trinkhalm aufrollen. Auf diese Weise auf jeder Seite zwei Haarrollen fertigen und mit Stecknadeln feststecken. Für den Pony die Haare etwas kürzen. Hinten mit den Haaren einen Zopf flechten und mit Satinband (10 cm lang) zusammenfassen.

3 Den Umhang um den Stamm kleben, die Kragenspitzen in Form biegen und mit Heißkleber fixieren. Nun die Rüschenteile aufeinander kleben und die zwei Löcher einstechen. Das restliche Satinband durchziehen und zur Schleife binden. Die Rüschen am Stamm fixieren.

Prinz

1 Die Krone und die Ohren aus Moosgummi ausschneiden. Die Krone rundum mit goldener Acrylfarbe bemalen. Die Schnittfläche des Holzstamms, die halbierte Perle und die Ohren in Aprikose grundieren. Bei den Ohren die Schnittflächen nicht vergessen! Das Gesicht und die Ohrmuscheln aufmalen. Die Nase und die Wangen etwas röten. Die Ohren schattieren und zusammen mit der Nase am Kopf fixieren.

2 Den Langhaarplüsch über den Ohren um den Kopf kleben und die Haare etwas in Form schneiden. Die Krone rund zusammenkleben und auf den Kopf setzen. Abschließend noch den Filzstreifen um den Holzstamm knoten und den Schmuckstein auf der Krone fixieren.

Martina Schröder/Marion Vogel

Baumstarke Minis

kleine Holzstämme, lustig verziert

BEST.-NR. 3675
VORLAGENBOGEN 1A

Babsi und Bruno

SEITE 1/32

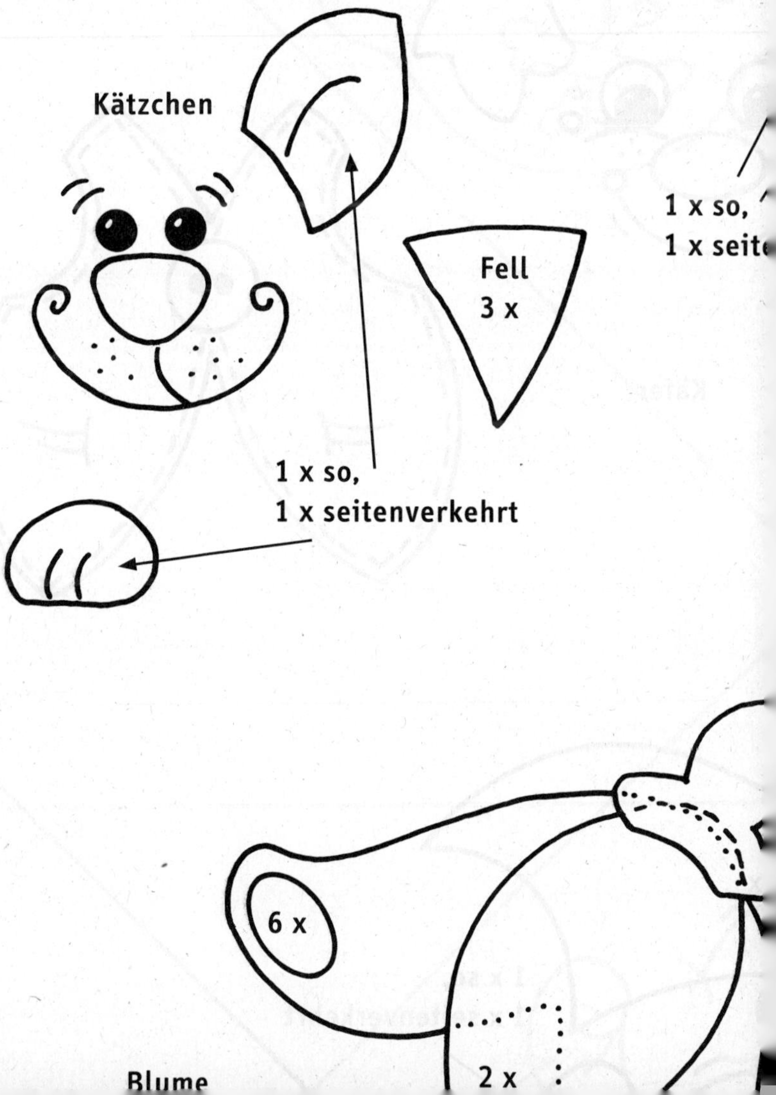

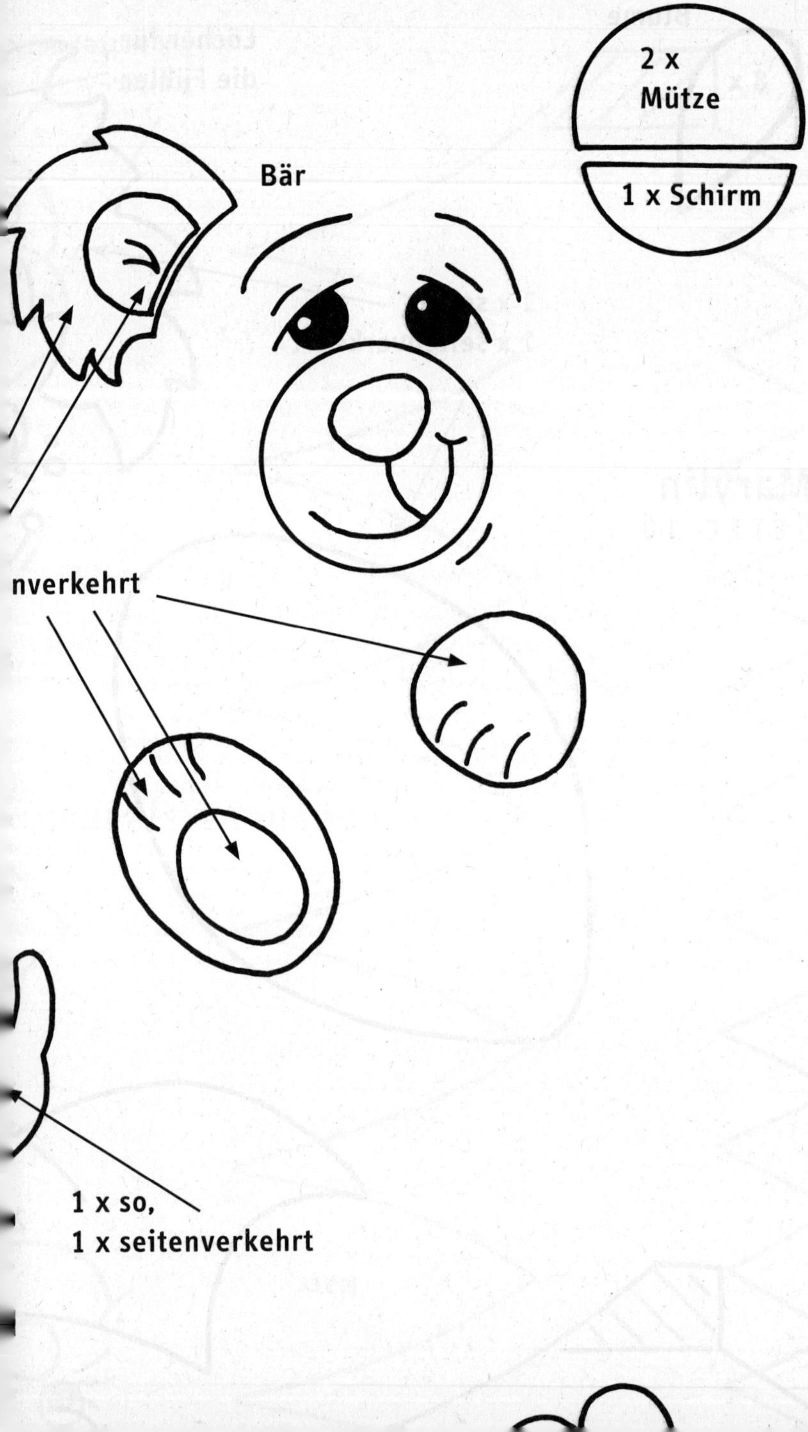
2 x
Mütze
1 x Schirm
Bär
nverkehrt
1 x so,
1 x seitenverkehrt

TOPP
© frechverlag Stuttgart
Martina Schröder/Marion Vogel
Baumstarke Minis
kleine Holzstämme, lustig verziert
BEST.-NR. 3675
VORLAGENBOGEN 3A

1 x so,
1 x seite

Fledermaus

Gruselige Gesellen
SEITE 25

verkehrt

Schweinchen
1 x so,
1 x seitenverkehrt
Schorn
Hutstreifen

Martina Schröder/Marion Vogel
Baumstarke Minis
kleine Holzstämme, lustig verziert
BEST.-NR. 3675
VORLAGENBOGEN 4A

Glücksblatt

Glücksbringer
SEITE 30

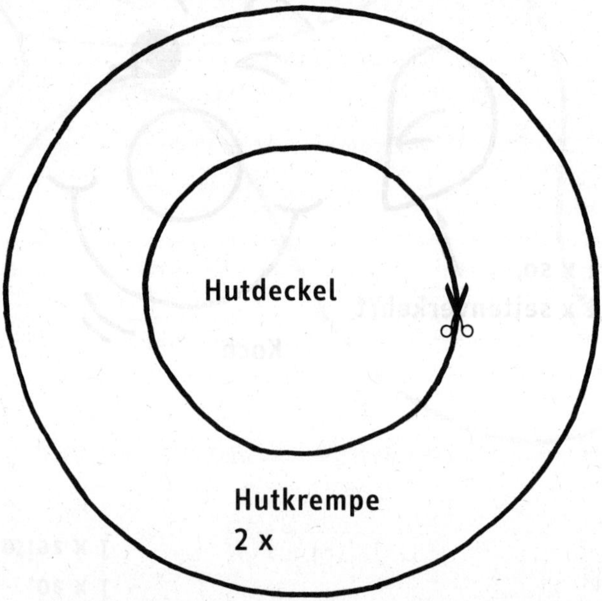

steinfeger

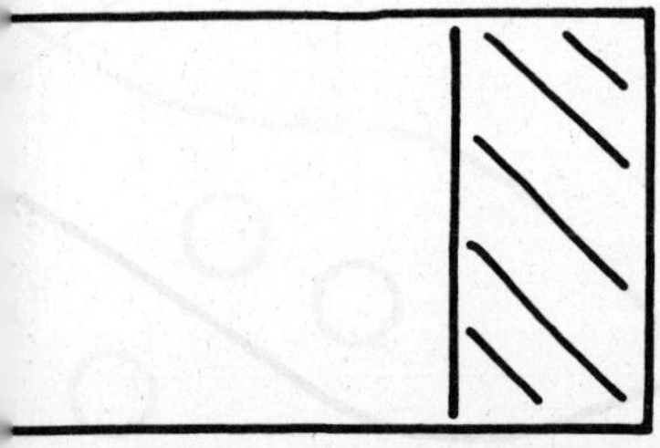

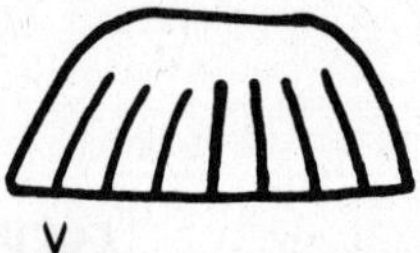

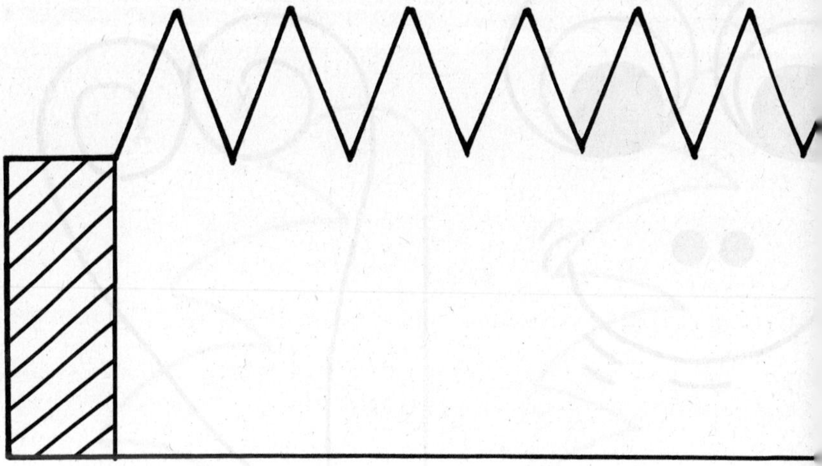

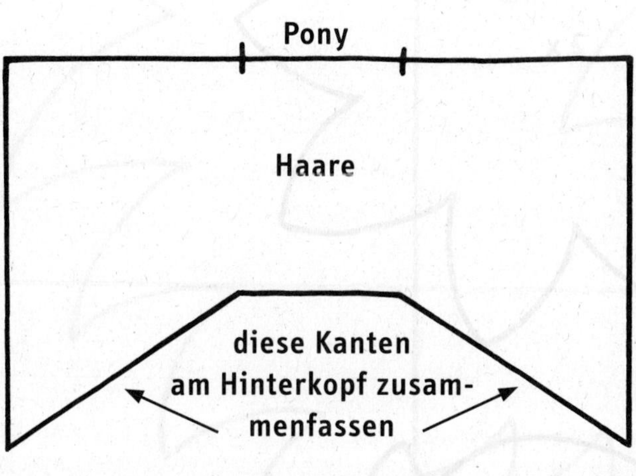

Kl
SE

A

Martina Schröder/Marion Vogel

Baumstarke Minis

kleine Holzstämme, lustig verziert

BEST.-NR. 3675
VORLAGENBOGEN 2A

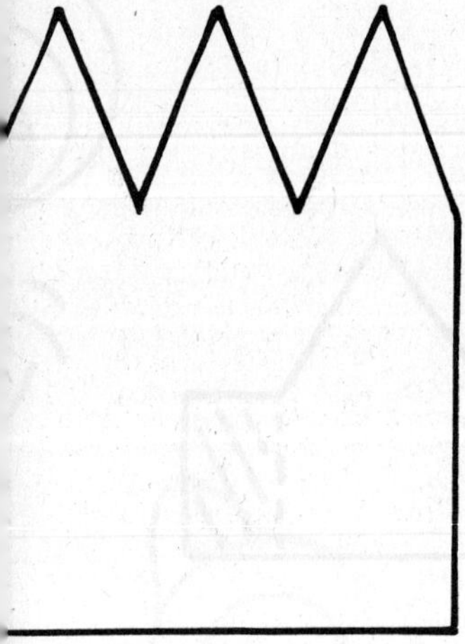

Prinz

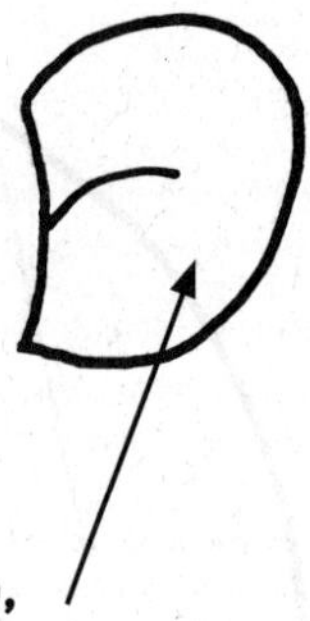

ine Hofmusik

TE 15

1 x so,
1 x seitenverkehrt

madeus

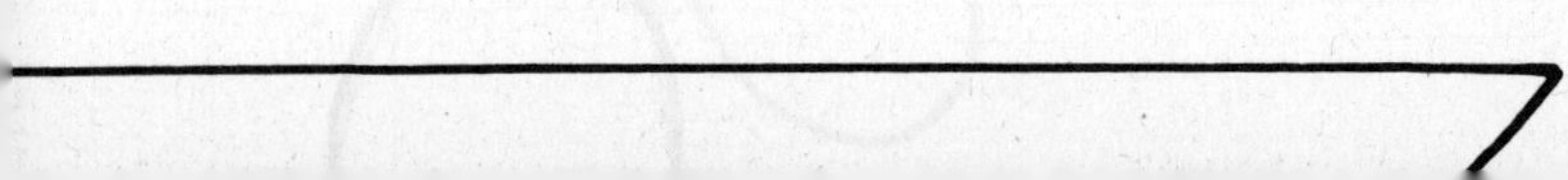

Zwei Blumenfreunde

→ fröhliche Sommerboten

Zwerg

1 Die Moosgummiteile ausschneiden. Die Schnittfläche des Holzstamms, die Ohren, die Nase und die Hände in Aprikose grundieren. Bei den Ohren und Händen die Schnittflächen nicht vergessen! Das Gesicht und die Ohrmuscheln aufmalen, die Wangen und die Nase röten und die Moosgummiteile schattieren. Die Augen, die Nase und die Ohren anbringen.

2 Für die Arme auf jeder Seite mit dem Handbohrer ein Loch in den Stamm bohren. Die Chenilledrahtstücke in die Löcher einkleben und die Hände anbringen. Für die Haare je 15 Baststücke mit Draht bündeln und hinter die beiden Ohren kleben. Die Mütze an den langen Seiten mit Heißkleber zusammenfügen und mit Rot brushen. Mit einem Bürolocher drei weiße Punkte ausstanzen und auf der Mütze fixieren. Die Schelle anbringen und die Mütze auf den Stamm setzen. Das Karoband mit einem Krawattenknoten um den Stamm binden und die Enden v-förmig einschneiden.

Schmetterling

1 Die Moosgummiteile ausschneiden und mit Ölkreide schattieren. Die Schnittfläche des Baumstamms in Aprikose grundieren und das Gesicht aufmalen. Die Schmetterlingsflügel nach Vorlage zusammensetzen und die Konturen und Punkte mit dem Glitterstift aufbringen.

2 Die drei Teile für den Haarschopf ebenfalls mit Glitterstift bemalen und etwas überlappend aufkleben. Dabei die Marabufeder dazwischen einstecken. Den Stamm mit Glitter überziehen und die Flügel an der Rückseite befestigen. Zuletzt über jeder Augenbraue drei Punkte mit Glitterstift aufmalen.

MATERIAL ZWERG

- Mini-Holzstamm, ø 4,5 cm, 12 cm hoch
- Acrylfarbe in Aprikose, Rot und Schwarz
- Ölkreide in Rot und Hellbraun
- Moosgummi in Rot, A5
- Moosgummireste in Weiß und Beige, 2 mm stark
- Chenilledraht in Hellbraun, 2 x 5 cm lang
- 2 Glashalbperlen in Schwarz, ø 4 mm
- Wattekugel, ø 1,5 cm
- Schelle in Gold, ø 1,9 cm
- Viskosebast in Gelb, 30 x 5 cm lang
- Karoband in Rot-Weiß, 1,5 cm breit, 45 cm lang
- Bindedraht, ø 0,3 mm

SCHMETTERLING

- Mini-Holzstamm, ø 3,5 cm, 12 cm hoch
- Acrylfarbe in Weiß, Aprikose, Rot und Schwarz
- Ölkreide in Rot und Grün
- Moosgummireste in Orange, Pink, Hellgrün und Rot, 2 mm stark
- Glitterstift in Gold
- Marabufeder in Rot

VORLAGENBOGEN 4B

Mäusehochzeit

→ gemeinsam durchs Leben

MATERIAL

- 2 Mini-Holzstämme, ca. ø 4,5 cm, ca. 13 cm hoch
- Acrylfarbe in Grau und Schwarz
- Ölkreide in Pink
- Moosgummireste in Grau und Schwarz, 2 mm stark
- 2 Rohholzhalbkugeln, ø 1,5 cm
- 4 Glashalbperlen in Schwarz, ø 7 mm
- 4 Holzperlen in Natur, ø 1,2 cm
- Papierdrahtkordel in Grau, ø 2 mm, 4 x 12 cm lang (Arme) und 2 x 50 cm lang (Schwanz)
- Satinband in Weiß, 1,6 cm breit, 15 cm und 40 cm lang
- Satinband in Weiß, 6 mm breit, 50 cm lang
- Draht in Schwarz, ø 1 mm, 6 x 8 cm lang
- Zylinder in Schwarz, ø 4 cm (Krempe)
- Stoffblütenstrauß in Weiß, ø 1,5 cm
- Tüllband in Rosa, 10 cm breit, 25 cm lang
- Tüllband in Weiß, 5 cm breit, 4 x 10 cm lang
- Chiffonband in Weiß, 1,2 cm breit, 45 cm lang
- Efeuranke

VORLAGENBOGEN 2A

1 Die Moosgummiteile ausschneiden und mit Pink schattieren. Die Schnittflächen der Stämme in Grau grundieren und die Borke grau brushen. Die Gesichter aufmalen und die Wangen röten. Die Holzhalbkugeln schwarz bemalen. Die Augen aufkleben.

2 Die großen Ohrkreise bis zur Mitte einschneiden, überlappend zusammenkleben und am Kopf fixieren. Die schwarzen Kreise in die grauen Ohren kleben. Nun jeweils drei Drahtstücke in der Mitte miteinander verdrehen, hinter eine Holzhalbkugel kleben und als Nase anbringen.

3 Für den Schwanz und die Arme mit dem Handbohrer Löcher in die Stämme bohren. Die Papierdrahtstücke in der Mitte knicken und die Enden miteinander verdrehen. Die Drahtstücke in die Löcher kleben und auf jeden Arm eine Holzperle aufschieben.

4 Nun dem Bräutigam den Zylinder in die Hand geben und das kurze Satinband als Kragen umlegen. Dazu die Enden nach außen falten und mit einer Stoffblüte fixieren. Der Mäusebraut das 40 cm lange Satinband über Kreuz um den Bauch wickeln, auf dem Rücken verknoten und vorn mit drei Blüten schmücken.

5 Die Tüllbänder zusammenraffen, mit dem Chiffonband zusammenfassen und als Abschluss eine Schleife binden. Die Bänder als Schleier hinter den Ohren fixieren. Die restlichen Blüten mit der Efeuranke umwickeln, das schmale Satinband umbinden und den Strauß in den Arm der Braut legen.

Zwei Küchenfans

→ lassen nichts anbrennen

MATERIAL

KOCH

- Mini-Holzstamm, ø 5,5 cm, 15 cm hoch
- Acrylfarbe in Aprikose, Weiß und Schwarz
- Ölkreide in Orange
- Moosgummirest in Weiß, 2 mm stark
- Rohholzhalbkugel, ø 1,5 cm
- Langhaarplüsch in Schwarz, 2 cm x 14 cm
- Filzkreis in Weiß, ø 12,5 cm
- Karoband in Blau-Weiß, 4 cm breit, 45 cm lang
- Nadel und Faden in Weiß

SCHAF

- Mini-Holzstamm, ø 5 cm, 10 cm hoch
- Acrylfarbe in Weiß, Pink, Rot und Schwarz
- Ölkreide in Pink
- Buntstift in Pink
- Moosgummireste in Weiß und Schwarz, 2 mm stark
- Dekoband in Rosa-Weiß gepunktet, 2,5 cm breit, 50 cm lang
- Satinband in Pink, 3 mm breit, 30 cm lang
- Glitterstift in Weiß irisierend
- Streuglimmer in Weiß irisierend
- Glöckchen in Messing, ø 1 cm

VORLAGENBOGEN 4B

Koch

1 Die Moosgummiteile ausschneiden. Die Schnittfläche des Holzstamms, die Nase und die Ohren in Aprikose grundieren. Bei den Ohren die Schnittflächen nicht vergessen! Das Gesicht und die Ohrmuscheln aufmalen, die Wangen und die Nase röten und die Ohren schattieren. Die Nase und die Ohren anbringen.

2 Den Langhaarplüsch zwischen den Ohren um den Baumstamm kleben und in Form schneiden. Den Filzkreis am Rand mit Heftstichen einfassen und zusammenziehen. Einen Moosgummistreifen (3 cm x 13 cm) zum Ring zusammenkleben und den Filz darin fixieren. Die fertige Mütze auf dem Kopf festkleben. Zuletzt dem Koch das Karoband umlegen und die Enden miteinander verknoten.

Schaf

1 Die Moosgummiteile ausschneiden. Auf die weißen Wollteile mit Glitterstift Kringel aufmalen und in die noch nasse Farbe den Glimmer einstreuen. Bei den Ohren mit Acrylfarbe in Pink die Innenohren ergänzen. Die Schnittfläche des Holzstamms in Schwarz grundieren und das Gesicht aufmalen. Die Augenkontur mit dem Buntstift aufbringen.

2 Nach dem Trocknen zuerst die beiden Wollteile versetzt von vorn und hinten am Holzstamm anbringen. Dann die Ohren ansetzen. Dabei die Ohren am Ansatz etwas zusammendrücken. Zuletzt dem Schäfchen das Dekoband umbinden und das Glöckchen mit dem Satinband umhängen.

Quaki und Fred

→ zwei tierische Freunde

Igel

1 Die Moosgummiteile ausschneiden. Die Schnittfläche des Holzstamms und die Ohren in Aprikose grundieren. Bei den Ohren die Schnittflächen nicht vergessen! Die Wattekugel schwarz anmalen. Das Gesicht und die Ohrmuscheln aufmalen. Die Wangen röten und die Moosgummiteile an den Rändern schattieren.

2 Die Ohren und die Nase aufkleben. Die Stachelstreifen auf der Rückseite des Stamms nur mit der Schnittfläche anbringen. Dabei den längeren Streifen nach vorne ins Gesicht hängen lassen. Die Arme seitlich am Stamm anbringen und das Blatt an den Händen fixieren. Abschließend noch das Karoband zur Schleife binden, auf jedes Ende eine Holzperle aufziehen und mit einem Knoten sichern. Die Schleife mit Heißkleber am Igel befestigen.

Frosch

1 Die Moosgummiteile ausschneiden. Die Krone von allen Seiten in Gold bemalen, die einzelnen Teile der Seerose an den Rändern schattieren. Die Schnittfläche des Baumstamms, die Halbkugeln und die Holzperlen in Grün grundieren. Die Borke in Grün brushen. Das Gesicht aufmalen und die Wangen mit Ölkreide etwas aufhellen. Die Augen mit weißer Acrylfarbe aufmalen und nach dem Trocknen die Glasaugen aufkleben.

2 Die fertigen Augen auf dem Gesicht anbringen. Die Papierdrahtstücke miteinander verflechten. Auf die losen Enden jeweils eine Holzperle aufziehen und evtl. mit etwas Klebstoff sichern. Den Drahtstrang als Arme um den Stamm legen und auf der Rückseite fixieren. Die Krone rund zusammenkleben und auf dem Kopf anbringen. Die Seerose zusammenfügen und den Frosch darauf setzen. Zuletzt dem Frosch das Karoband um den Hals knoten und das Herz in die Hände geben.

MATERIAL

IGEL

- Mini-Holzstamm, ø 4,5 cm, 16 cm hoch
- Acrylfarbe in Weiß, Aprikose, Rot und Schwarz
- Ölkreide in Rot, Grün und Braun
- Moosgummi in Braun, 2 mm stark, A4
- Moosgummireste in Beige und Hellgrün, 2 mm stark
- Wattekugel, ø 1,5 cm
- 2 Holzperlen in Rot, ø 6 mm
- Karoband in Rot-Weiß, 4 mm breit, 25 cm lang

FROSCH

- Mini-Holzstamm, ø 5 cm, 12 cm hoch
- Acrylfarbe in Weiß, Grün, Gold und Schwarz
- Ölkreide in Gelb
- Moosgummireste in Weiß, Rot und Grün, 2 mm stark
- 2 Rohholzhalbkugeln, ø 2,5 cm
- 2 Glasaugen in Schwarz, ø 1,2 cm
- 6 Holzperlen in Natur, ø 6 mm
- Karoband in Rot-Weiß, 1,2 cm breit, 45 cm lang
- Papierdrahtkordel in Hellgrün, ø 2 mm, 3 x 25 cm lang

VORLAGENBOGEN 2B

Gruselige Gesellen

→ gespenstich

MATERIAL GESPENST

- Mini-Holzstamm, ø 4,5 cm, ca. 15 cm hoch
- Acrylfarbe in Weiß
- Ölkreide in Pink und Grau
- Moosgummi in Weiß, 2 mm stark, A4
- Moosgummirest in Grau, 2 mm stark
- Papierdrahtkordel in Creme, ø 2 mm, 30 cm lang
- Schaschlikstäbchen
- Glitterstift in Weiß irisierend

FLEDERMAUS

- Mini-Holzstamm, ø 4,5 cm, 12 cm hoch
- Acrylfarbe in Weiß, Aprikose und Schwarz
- Ölkreide in Rot
- Moosgummireste in Rot und Schwarz, 2 mm stark
- Glitterstift in Silber
- 2 Glashalbperlen in Schwarz, ø 4 mm
- Schleifenband in Rot mit weißen Punkten, 1 cm breit, 35 cm lang

VORLAGENBOGEN 3A

Gespenst

1 Alle Moosgummiteile ausschneiden, mit der Ölkreide schattieren und das Gesicht mit schwarzem Filzstift aufmalen. Die Konturen und die Lichtpunkte in den Augen mit dem Glitterstift aufbringen. Die Wangen röten. Den Baumstamm mit Weiß brushen und mit etwas Glitter verzieren.

2 Das Gesicht des Gespenstes auf der Schnittfläche anbringen. Den Mantel um den Holzstamm kleben. Die Arme und die Außenkanten des Mantels etwas nach hinten biegen und mit Heißkleber fixieren. Die Sichel mit dem Klebestreifen an das Schaschlikstäbchen kleben und dem Gespenst in die Hand geben. Zuletzt die Papierdrahtkordel in der Mitte zur Schlaufe legen und mehrmals verdrehen. Die Enden dem Gespenst um den Hals legen und auf der Rückseite miteinander verdrehen.

Fledermaus

1 Die Moosgummiteile ausschneiden und die Konturen und Innenlinien mit Glitterstift nachziehen. Die Schnittfläche des Holzstamms in Aprikose grundieren, das Gesicht aufmalen und die Wangen röten. Die Nase aufkleben.

2 Die Glashalbperlen als Augen über der roten Nase fixieren. Die Ohren etwas gewölbt ankleben und die Flügel an der Rückseite des Stamms anbringen. Nun noch das Schleifenband um den Hals binden und neben den Augen mit Glitterstift die Punkte aufsetzen.

Frohe Weihnachten

→ mit Santa und Engelchen

MATERIAL

SANTA

- Mini-Holzstamm, ø 5 cm, 13 cm hoch
- Acrylfarbe in Aprikose
- Ölkreide in Rot und Schwarz
- Moosgummireste in Weiß, Rosa und Rot, 2 mm stark
- Glitterstift in Weiß irisierend
- 2 Glashalbperlen in Schwarz, ø 4 mm
- Filz in Dunkelbraun, 12 cm x 27 cm
- Wattekugel, ø 1,5 cm
- Kordel in Rot, ø 4 mm, 35 cm lang

ENGEL

- Mini-Holzstamm, ø 4 cm, 14 cm hoch
- Acrylfarbe in Aprikose und Schwarz
- Ölkreide in Orange und Rosa
- Moosgummi in Weiß, 2 mm stark, A5
- Wickeldraht in Schwarz, ø 0,65 mm, 1,60 m lang
- Karoband in Rot-Weiß, 1,5 cm breit, 45 cm lang

PRO BLUME

- Mini-Holzstamm, ø 3,5 cm, 6,5 cm hoch
- Acrylfarbe in Orange und Gelb
- Ölkreide in Dunkelgrün und Schwarz
- Moosgummireste in Grün und Rot bzw. Weiß, 2 mm stark
- Glitterstift in Gold
- 3 Holzperlen in Gelb, ø 6 mm

VORLAGENBOGEN 3B

Santa

Die Moosgummiteile ausschneiden und schattieren bzw. mit Glitterstift verzieren. Die Schnittfläche in Aprikose grundieren, die Wangen röten. Mütze, Bartteile, Augen, Pelzbesatz und Nase auf dem Gesicht anbringen. Den Mund aufmalen. Die Wattekugel mit Glitterstift bemalen und als Bommel fixieren. Den Filz an den Längsseiten mit Heißkleber zu einem Säckchen zusammenkleben. Den Santa hineinstellen, den Rand umschlagen und die Hände darauf anbringen. Zuletzt die Kordel um den Sack knoten.

Engel

Die Moosgummiteile ausschneiden, schattieren und ggf. mit silbernem Filzstift beschriften. Die Schnittfläche in Aprikose grundieren, das Gesicht aufmalen und etwas röten. 14 Drahtstücke (je 10 cm lang) an einem Ende miteinander verdrehen. Ein passendes Loch oben in den Holzstamm bohren, die Drähte einkleben und die Enden spiralförmig aufdrehen. Die Flügel mit Heißkleber fixieren und das Karoband umbinden. Das Herz mit dem restlichen Draht dem Engelchen um den Hals hängen.

Rudi und Frosti

→ warm verpackt

MATERIAL RUDI

- Mini-Holzstamm, ø 5 cm, 12 cm hoch
- Ölkreide in Schwarz
- Moosgummireste in Weiß, Rosa und Rot, 2 mm stark
- Glitterstift in Silber
- Karoband in Rot-Weiß, 2,5 cm breit, 35 cm lang

FROSTI

- Mini-Holzstamm, ø 4,5 cm, 11 cm hoch
- Acrylfarbe in Weiß, Dunkelrot und Schwarz
- Ölkreide in Weiß und Rot
- Moosgummireste in Orange, Rot und Schwarz, 2 mm stark
- Filz in Grün, A5
- 2 Wattekugeln, ø 2 cm
- 2 halbe Holzperlen in Orange, ø 8 mm
- 2 Glashalbperlen in Schwarz, ø 4 mm
- Dekopaste in Weiß
- Streuglimmer in Weiß irisierend
- Zackenrandschere

VORLAGENBOGEN 3B

WEITERFÜHRUNG

Frohe Weihnachten

Blume

Die Moosgummiteile ausschneiden und mit Glitterstift verzieren. Die Schnittfläche des Stamms in Gelb grundieren und in die noch feuchte Farbe etwas Orange einarbeiten. Nach dem Trocknen die großen Blütenblätter kreisförmig auf die Schnittfläche kleben, die kleinen etwas nach oben stehend darauf fixieren. Drei Holzperlen in die Mitte setzen und mit Glitter verzieren. Die grünen Blätter unterhalb der Blüte am Stamm anbringen.

Rudi

Die Moosgummiteile ausschneiden, am Rand schattieren und mit Glitterstift verzieren. Das Gesicht aufmalen, die Mütze und die Nase aufkleben und alles zusammen auf der Schnittfläche des Stämmchens anbringen. Zuletzt Rudi das Karoband umbinden.

Frosti

Die Moosgummiteile ausschneiden und schattieren. Das gesamte Stämmchen in Weiß grundieren und das Gesicht aufmalen. Die rote Nase mit Dunkelrot bemalen und mit den Glashalbperlen auf dem Gesicht platzieren. Den Hut zusammensetzen und auf dem Kopf anbringen. Die Knöpfe und die Arme ergänzen. Das Halstuch mit der Zackenrandschere zuschneiden und um den Stamm binden. Hut und Nase mit Dekopaste versehen und etwas Glimmer einstreuen.

Glücksbringer

→ Alles Gute fürs neue Jahr!

MATERIAL SCHORNSTEINFEGER

- Mini-Holzstamm, ø 4,5 cm, 14 cm hoch
- Acrylfarbe in Weiß, Aprikose, Rot und Schwarz
- Ölkreide in Weiß, Rot und Schwarz
- Moosgummi in Schwarz, A4
- Moosgummireste in Beige und Grau, 2 mm stark
- Filz in Weiß, 8 cm x 20 cm
- Wattekugel, ø 2 cm und 1 cm
- Chenilledraht in Schwarz, 2 x 6 cm und 7 x 1,5 cm lang
- Aludraht in Silber, ø 2 mm, 60 cm lang
- Glitterstift in Gold

SCHWEINCHEN

- Mini-Holzstamm, ø 5 cm, 10 cm hoch
- Acrylfarbe in Weiß, Rosa und Schwarz
- Ölkreide in Pink
- Moosgummirest in Rosa, 2 mm stark
- Chenilledraht in Rosa, 8 cm lang
- Dekoband in Rosa-Weiß gepunktet, 2,5 cm breit, 30 cm lang
- Rohholzhalbkugel, ø 1,5 cm

GLÜCKSBLATT

- kleiner Ast, ø 1,5 cm, 3,5–5 cm hoch
- Moosgummireste in Hellgrün bzw. Mittelgrün, 2 mm stark
- Ölkreide in Dunkelgrün
- halbierte Holzperle in Gelb, ø 1 cm
- Glitterstift in Gold

VORLAGENBOGEN 4A

Schornsteinfeger

1 Die Moosgummiteile ausschneiden. Die Schnittfläche des Holzstamms, die Ohren und die Hände sowie die kleine Wattekugel in Aprikose grundieren, die große Wattekugeln in Grau. Bei den Ohren und Händen die Schnittflächen nicht vergessen! Gesicht und Ohrmuscheln aufmalen, Wangen und Nase röten. Die Ohren und die restlichen Moosgummiteile schattieren.

2 Ohren und Nase aufkleben und das Bartteil leicht gebogen anbringen. Den Filz als Halstuch umlegen, hinten zusammenknoten und mit Ölkreide etwas schwärzen. Die zusammengesetzte Jacke darüber legen und hinten mit Heißkleber fixieren. Vorn mit Glitterstift Knöpfe aufmalen. Die langen Chenilledrahtstücke seitlich als Arme anbringen und die Hände ankleben.

3 Für den Zylinder die beiden Ringe aufeinander kleben (Hutkrempe), den langen Streifen zum Ring formen und in die Hutkrempe kleben. Den Hutdeckel ergänzen. Den fertigen Zylinder auf dem Kopf anbringen und die Leiter am Rücken befestigen. Sieben kurze Chenilledrahtstücke kreisförmig in die graue Wattekugel stecken. Den Aludraht etwas aufrollen, die Wattekugel auf ein Ende stecken und den Kaminbesen dem Schornsteinfeger über die Schulter legen.

Schweinchen

Die Moosgummiteile ausschneiden und schattieren. Die Schnittfläche des Holzstamms und die Rohholzhalbkugel in Rosa grundieren und das Gesicht und die Nasenlöcher aufmalen. Die Halbkugel mit der Rundung auf das Gesicht kleben und das Schnauzenteil darauf fixieren. Die eingeschnittenen Ohren ankleben. Auf der Rückseite des Stammes mit dem Handbohrer ein Loch bohren und den Chenilledraht als Schwänzchen einkleben. Das Dekoband umlegen und vorn eine Schleife binden.

Glücksblatt

Für jedes Glücksblatt vier Blätter aus Moosgummi ausschneiden, am Rand schattieren und mit Glitterstift ein Punktmuster aufmalen. Die Blätter kreisförmig auf dem kleinen Ast anbringen und die halbierte Holzperle mittig aufkleben.

MATERIAL
KÄTZCHEN

- Mini-Holzstamm, ø 4 cm, 7,5 cm hoch
- Acrylfarbe in Weiß und Schwarz
- Ölkreide in Pink
- Moosgummireste in Weiß und Violett, 2 mm stark
- Langhaarplüschrest in Weiß
- Papierdrahtkordel in Weiß, ø 2 mm, 9 cm lang
- Draht in Schwarz, ø 1 mm, 3 x 8 cm lang
- Glitterstift in Weiß irisierend
- Satinband in Pink, 6 mm breit, 30 cm lang

BÄR

- Mini-Holzstamm, ø 5 cm, 12 cm hoch
- Acrylfarbe in Ocker, Weiß und Schwarz
- Ölkreide in Pink
- Moosgummireste in Violett, Hellbraun und Mittelbraun, 2 mm stark
- Rohholzhalbkugel, ø 3 cm
- Satinband in Violett, 6 mm breit, 40 cm lang
- Glitterstift in Gold

VORLAGENBOGEN 1A

Babsi und Bruno

→ Komm und spiel mit uns!

Abbildung auf Seite 1.

Kätzchen

Alle Teile ausschneiden und wie abgebildet bemalen. Ohren und Fellteile am Kopf fixieren. Die Drahtstücke in der Mitte miteinander verdrehen und mit der Nase im Gesicht anbringen. Die Pfoten jeweils auf etwas Plüsch (1 cm x 1 cm) am Stamm befestigen. Den Papierdraht mit Plüsch (1 cm x 8 cm) umkleben, hinten in den Stamm ein passendes Loch bohren und den Schwanz einkleben. Die Satinschleife umbinden.

Bär

Alle Teile ausschneiden und wie abgebildet bemalen. Die Holzhalbkugel als Schnauze aufkleben und die Nase fixieren. Ohren und Pfoten zusammensetzen und zusammen mit den Mützenteilen am Stamm anbringen. Mit Glitterstift die Konturen aufmalen. Das Satinband umbinden.

DIESES BUCH ENTHÄLT 4 VORLAGENBOGEN

Hilfestellung zu allen Fragen, die Materialien und Bastelbücher betreffen: Frau Erika Noll berät Sie.
Rufen Sie an: 05052/911858*

*normale Telefongebühren

IMPRESSUM

FOTOS: frechverlag GmbH, 70499 Stuttgart; Fotostudio Ullrich & Co., Renningen
DRUCK: frechdruck GmbH, 70499 Stuttgart

Auflage: 5. 4. 3. 2.
Jahr: 2012 2011 2010 2009 2008 [Letzte Zahlen maßgebend]

ISBN 978-3-7724-3675-8
Best.-Nr. 3675